오늘의문학 시인선
426

파란 하늘이 깊다

유 희 동 시조집

오 늘 의 문 학 사

국립중앙도서관 출판예정도서목록(CIP)

파란 하늘이 깊다 ; 유희동 시조집 / 지은이: 유희동. --
대전 : 오늘의문학사, 2018
p. ; cm. -- (오늘의문학 시인선 ; 426)

ISBN 978-89-5669-928-8 03810 : ₩9000

한국 현대 시조[韓國現代時調]

811.36-KDC6
895.715-DDC23 CIP2018019778

파란 하늘이 깊다

| 서문 |

문학의 창작은 무언가 표현하고 싶은 욕구에서 시작됩니다. 본인도 시를 짓고 메모를 남기면서 부터 들꽃을 보고 향기를 느끼며, 꽃과 나무와도 대화를 하게 된 것 같습니다.

시조는 우리민족의 오랜 삶과 이야기를 담은 겨레의 시이자 고유의 정형시입니다.

노트에 기록해 놓고 혼자만 읽어보던 시조를, 책을 내보라는 지인들의 말을 듣고, 여러 문우들과 친지, 독자들과 함께 읽을 수 있도록 책을 발간하기로 하였습니다.

첫 시조집 "파란 하늘이 깊다"의 출간이 저에게는, 설렘이고 영광으로 생각합니다만 한편 미숙한 글을 세상에 내놓으려니 두려움과 걱정도 앞섭니다.

그러나 졸작이지만 큰 용기로 출간합니다.

시조의 한 소절, 아름다운 시어 한 단어라도 독자들의 마음에 남길 수 있다면 큰 기쁨이고 보람으로 알겠습니다.

끝으로 시조집을 발간하는데 평설을 써주신 이도현 원로 시인께 정중한 감사와 많은 도움을 주신 여러분들에게 진심으로 감사를 드립니다.

2018년 봄

청운 유 희 동

| 목차 |

제2부 해변의 낭만

제3부 파란 하늘이 깊다

제4부 그대 이름 부르면

제 1 부

사랑의 계절

파란

하늘이

깊다

꽃과 나비

춘삼월 어딜 가나
봄꽃들이 반긴다

삼삼하고 고운 꽃
향기롭게 피어 웃자

날아온
벌과 나비는
꽃 가슴 파고들고

봄 되어 여러 꽃들
아름답게 피어나면

바람둥이 벌 나비
이 꽃 저 꽃 탐하면서

남에겐
꽃이 불러서
잠시 동안 만난다네

사랑의 계절

새 생명 돋아나는
봄날은 좋은 계절

흥겨운 봄노래도
사방에서 들려오고

대자연
사랑 속에서
모든 생명 기뻐하네

계절속의 봄날은
사랑이 피는 시기

한겨울 동토에서
죽은 듯이 숨어있던

새싹들
자라나면서
부활의 꽃이 핀다

내 고향

부모님 귀천(歸天) 후에
자주 못간 고향집

금년 봄 살구꽃은
예전처럼 피었으리

꽃 보고 늘 웃으시던
어머님 환한 얼굴

부모님과 함께 했던
시골집 어린 시절

내 가슴에 떠오른
그리운 영상들

비 오면 더욱 선명히
빗소리로 사무쳐

미소

미소는 사랑의 꽃
아름다운 향기여라

서로가 배려하며
이기심을 버릴 때에

사랑은
곱게 피어난
한 송이 꽃이었다

찔레꽃

오월의 내 가슴에
웃고 있는 찔레꽃

향기로 말하며
벌 나비 불렀는가

볼수록
화사한 꽃송이
바람도 웃음 놓네

연초록 새순들이
키 자랑 경쟁할 때

맨손으로 순 하나
껍질 벗겨 맛보면

입술 끝
향긋한 단맛
새봄의 사랑일레

목련꽃

목련꽃 봉오리가
하나 둘씩 피어나면

하이얀 고운 살빛
내 누님의 얼굴일레

행여나
타는 봄볕에
흰 피부 그을릴라

봄 오는 길목에서
목련꽃이 피어난다

순백의 옷을 입고
수줍게 웃는 목련

행여나
황사비 내려
옷 버릴까 걱정 되네

혼자 채우는 잔

봄꽃 핀 달빛 아래
꽃향기 그윽한 밤
술잔을 친구 삼아
혼자 잔을 채우는데
잔속의
호수 속에는
보름달이 잠겼네

우수에 젖은 마음
밝은 달이 위로하나
쌓인 건 세상살이
근심 걱정뿐인데
잔주름
활짝 펴고서
웃으란다 달님이

봄날의 행복

봄이 와서 부드러운
봄바람 스쳐갈 때

잎 없이 순백의 꽃을
향기로 피운 매화

추위에
온몸을 떨면서도
행복한 듯 웃는다

봄이 오는 소리

봄소식 들려 온다
이틀 후면 입춘일세

앞으로 남쪽에선
꽃소식도 보내오고

불어온
봄바람 속엔
매화향도 오리라

산자락 감아 도는
운무 아지랑이 늘고

고요한 밝은 햇살
따라서도 봄은 오고

봄 처녀
가슴속에도
봄바람은 불어오리

등나무 꽃

보랏빛 등나무 꽃
향기로 임을 불러

고운님 부름 따라
찾아온 벌 나비는

사랑의
춤과 노래로
떠나지를 못하네

포도 같은 꽃송이
주렁주렁 꽃을 피워

사랑의 향기어린
단맛 같은 웃음으로

찾아온
벌 나비에게
사랑을 속삭인다

꿩 울음

초목이 자라나는 신록은 생명의 봄
그동안 산행시엔 듣지 못한 꿩 울음
장끼도 사랑의 봄날 자기 짝을 찾는가

청명절 한식절기 고향선산 묘소 찾아
잡풀 뽑고 묘소 주변 반송 손질할 때에
어릴 때 자주 들었던 산 꿩 소리 들었네

어려서 보고 듣던 멋진 장끼 울음소리
긴 세월 못 들었던 까투리 부르는 소리
그립던 부모님 목소린 들려오지 않는데

봄이 오면

새싹이 돋아나는
초록의 봄 오고 있네

새싹 돋아 푸른 들판
푸른 산 변해가면

이곳의
흰 눈이 쌓인
얼음성은 없어지고

돋아난 새싹들과
피어나는 봄꽃들의

기쁨의 웃음소리
고운향기 짙어지고

벌 나비
꽃 찾아 모여들면
상춘객도 붐비리

초록빛 그리움

초봄의 산야에는
개나리 산수유 피고

초록의 잎이 돋는
가지들이 드물은데

금빛의
봄꽃 전령은
햇살에 찬란하다

움 돋을 기색 없는
나목이 된 느티나무

능소화 배롱나무
초록빛이 그리운데

늘어진
버드나무 가지는
초록빛을 부른다

사랑의 향기

진실한
남녀 사랑
변함없이 행복하리

봄꽃의
향기처럼
사랑향기 진하여서

사랑은
우리의 삶에
행복의 꽃 피우네

아카시아 꽃

길섶의 산자락에
아카시아 흰 꽃 피어

소담한 꽃송이가
짙은 향기 품어내니

벌 나비
향기의 그물
벗어나지 못하네

아카시아 짙은 향의
꽃송이 쳐다보며

배고픈 옛날에는
꽃을 따서 먹었다고

한 송이
취하려 하자
가시가 손을 막네

송화 가루

늦봄에
송화 가루
금빛 바람 불어오면

어릴 때
어머니가
만들어준 노란 다식

동그란
송화다식 맛
그 향기가 새롭다

해바라기 사랑

태양을 바라보며
일편단심 좋아하네
혼자서 바보처럼
웃으면서 사랑하고
꽃들이
충고를 해도
말없이 웃는구나

기화요초 꽃들 많네
분수껏 좋아하게
사랑은 자유지만
분수 맞게 좋아하라
분명한
말들을 하나
해바라기는 웃는다

오월의 산

오월의
산길 숲은
계절의 여왕답게

나무의
푸른 잎은
파도처럼 너울대고

바람도
짙은 녹음에
물들어 푸르렀네

살구꽃

봄바람에 꽃봉오리
피워 웃던 살구꽃

햇살을 바라보며
곱게 웃던 살구꽃

밤사이
내린 봄비에
붉은 상흔 남겼네

봄바람이 잠을 깨워
순결한 꽃 피우고

고운님 초대하고
만나지도 못했는데

밤비에
꽃비로 진 꽃
고왔기에 더 아리다

봄꽃

봄날에
들려오는
봄꽃들의 웃음소리

고운 꽃
그 향기가
사람들을 부르는데

봄 뜰에
속절없는 꽃
너무 고와 서럽다

봄의 눈꽃

민들레 꽃이 피고 개나리 피는 봄날
춘설(春雪)의 새하얀 꽃 아름답게 피었다
금빛의 민들레꽃은 시샘하여 덮었나?

잎 없는 가지에 핀 은빛의 봄의 눈꽃
봄날에 밤사이 핀 순백의 꽃송이들
혹한의 상고대 같은 봄의 눈꽃 피었네

산야의 빈 가지에 찬란하게 눈꽃 피어
순백을 자랑하나 향기 없는 꽃일세
초라한 한 송이 매화향이 눈 꽃송이 녹인다

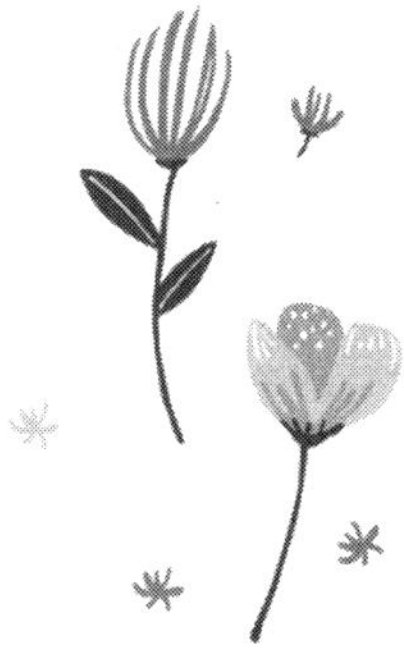

제 2 부

해변의 낭만

따란

하늘이

짚다

뜸부기 울음소리

내 고향
방죽논의
벼 포기에 집을 짓고

여름철
저녁 무렵
구성지게 울던 소리

뜸부기
정겹던 노래
멸종되어 못 듣네

사랑 한 모금

사막의
물 한 모금
생명수요 사랑일세

한여름
가뭄 속엔
초목들도 몇 방울 물

금보다
소중하다네
물 한 모금
사랑이

해변의 낭만

낭만이 춤을 추는
푸른 바다
해변엔

태양(太陽)에
도전하는
청춘들이 넘실대고

푸른 꿈
파도를 타고
구만리를 항해한다

청춘

청춘은
푸른색의
계절이라 자만 말라

봄 한철
피는 꽃도
열흘 못 가 낙화하듯

우리네
한평생 삶도
일장춘몽(一場春夢) 꽃잎 하나

파도 소리

추억 속 해변가의
정겨웁던 파도소리

파라솔 흔들면서
불어오는 해풍처럼

오고 간
파도 소리는
바람의 노래였다

밀려오는 흰 포말의
물결은 너울였고

리듬 타며 들려온
파도소린 바다 노래

추억 속
파도 소리는
아름다운 가락였네

소쩍새

소쩍다 소쩍새는
깊은 밤에 울었다
여름밤에 들었던
그 애절한 울음소리
새 모양
알 수 없으나
핏빛 울음 못잊네

깊은 밤 임을 찾는
피 토하는 그 목소리
슬프고 간절하게
밤을 새워 울던 새
아프고
피가 마른 목
찬 이슬이 적시네

빨간 장미

빨간색 장미꽃이
무더위를 불러오나
언제나 웃음 속에
열정적인 사랑 표시
장미는
오래전부터
사랑의 꽃이라네

선남선녀 청춘들 구애할 땐 장미 찾아
너무나 사랑받아 항상 웃고 지내면서
짧은 생 무상 세월을 청춘들을 보며 산다

예쁘다 찾아오는
뭇 사람들 관심 주니
삐길 때도 있다마는
남녀노소 모두에게
열정의
삶 보여주며
행복하게 살라네

인연의 꽃

인생은 만남에서
사랑의 꽃이 핀다

인연도 연인도
만남에서 시작되고

만났던
인연이 백발까지
변치 않고 함께 가네

꽃봉오리 그 시절
만났던 인연으로

피는 꽃 아름답듯
인생의 사랑 꽃도

고웁게
활짝 피어서
그 향기 그윽하다

연꽃

흐린 물
연못 속에
고운 연꽃 피고 있네

진 수렁
뿌리내려
청초하게 자라나서

연못을
생기 넘치는
꽃향기로 채우네

푸른 솔

세월이 흘러가고
계절이 변하여도

푸른빛 변함없이
늘푸른 소나무여

나도야
푸르고 파도
단풍이 드는구나

내 마음도 언제나
푸른빛에 머무르며

자리에 불만 없이
한 세상을 소나무로

젊음을
유지하면서
푸른 솔로 살고프다

삼복더위

복더위 한낮 볕
그 열기가 대단하다

폭염의 열기 속
사람들도 붉게 익고

해가 진
밤 시간에도
열기는 식지 않네

낮에는 폭염경보
야간에는 열대야라

한여름 무더위가
찜통으로 계속되니

전국의
도시와 농촌
고통소리 커지네

반가운 비

연인을 만난 듯이 내리는 비 반가워라

가뭄에 타들어 간 농작물을 살려내네

내린 비 황금보다 귀한 생명의 명약일세

그리움

그리워 별을 보며
그대 모습 떠올린다

꽃향기 넘쳐나면
고운 꽃이 그대인 듯

예쁘게
웃는 모습이
환상처럼 보인다

꽃은 져도 그대의
그리움은 피어나고

피고 지는 봄꽃은
철 지나면 못 보지만

마음엔
그대가 있어
그리움 꽃 지지 않네

이별

이별의 아쉬움에
견우와 직녀가 운다

별들도 슬픈 이별
바라보며 눈을 감네

의지로
인내하면서
일 년을 기다렸다

아직도 못다 한 말
어찌하고 헤어지나

쉬운 말 인사말도
못 하면서 울먹인다

이별의
오작교에선
슬픔의 비 내리네

소나기

삼복의
불볕더위
야간에도 식지 않아

한여름
더운 열기
찜통으로 계속될 때

소나기
시원스럽게
무더위를 식힌다

산바람

청산에서 부는 바람 무더위를 식혀주고

솔바람 짙은 향이 생기 찾게 하는구나

산바람 그 고마움을 청산에서 느끼네

산 정상 오를 때에 땀방울로 젖은 옷을

바람은 오고 가며 보이잖게 말려주고

남몰래 선행하고도 얼굴조차 숨기네

젊음의 꽃

초여름 태양 아래 봄꽃들은 볼 수 없고

열정의 장미꽃도 잿빛으로 변해가니

바닷가 모래 해변에는 젊음의 꽃이 피네

푸른 꿈

꿈 많은 젊은이여
푸른 꿈은 희망일세

목표 갖고 노력하여
소망을 이루게나

성공은
노력의 결실
행복한 기쁨일세

꿈꾸는 사람이여
모든 꿈은 아름답다

젊음의 푸른 꿈은
그 미래의 모습일세

노력해
보람을 쌓고
행복한 꿈 이루길

사랑의 꽃

사랑이
꽃피는 철
계절이 있으리오

낭만과
열정 있는
남녀가 만난다면

도도한
총각 처녀도
사랑의 꽃 피우리

여름 산행지

대전의 식장산은
울창한 녹음의 산

적막 속에 산새들
울음소리 정겹고

언제나
계곡물은 흘러서
더위 없는 여름산

귀절사 풍경소린
은은하게 들리고

한여름 땡볕을
녹음이 막아 줄 때

산바람
나뭇잎을 흔들며
여름산행 오란다

제 3 부

파란 하늘이 깊다

파란

하늘이

깊다

상사화

세월강
흘러가면
돌아오지 못하는데

상사화
푸른 잎을
기다리다 시드는가

꽃 진 후
돋아난 잎은
꽃을 못 봐 서글퍼

들국화

들국화 핀 곳에는
누님의 얼굴이

바람에 흔들릴 때
웃음은 퍼져나고

청명한
가을 하늘에
피어나는 하얀 웃음

찬바람 불어와도
그 얼굴은 언제나 봄

찬 서리 내리어도
예쁨을 잃지 않는

들국화
고고한 향기
그리운 누님의 정

파란 하늘이 깊다

하늘은 내 발 아래
호수에도 있었네
늘, 우리 머리 위
높은 곳에 있었지만

이 가을
호수 속에는
파란 하늘 있었네

물속의 하늘에는
기러기 떼 날아가고
물속의 하늘에는
조각구름 지나간다

호수는
깊어서 푸르고
깊은 하늘 더 고요하다

만추(晩秋)

늦가을
노을빛도
장미처럼 물들고

노을빛
바라보는
산자락도 물들고

저물녘
강가의 물결도
울어가며 물들고

홍시

홍시를 바라보며 추억 여행 하시는가

가을볕에 붉고 곱게 잘 익은 세월아

빛나는
어머니 시름
매어달린
가지 끝

야생화

야생화
구절초 꽃
청순하게 피었네

청초한
싱그러움
찬 이슬과 솔바람

청량한
늦가을에도
순결하게 웃는다

여객선

뱃고동 울리면서
떠나가는 여객선

고요히 바라보며
가슴속 적시는데

동장소 뱃전을
날던 갈매기
동병상련 느끼나

뱃고동 긴 여운을
남기고 가는구나

고동소리 멀어져
아쉬움이 더해갈 때

같은 곳
갈매기들도
애달프게 울었네

망초 꽃

산과 들 어디에나
지천으로 피어 있고

사람들 이름처럼
무시하고 외면하나

자세히
바라볼수록
순수하고 곱구나

끈질긴 생명력은
어디서나 강하여서

농민들 망할 놈의
풀이라고 미워하나

망초의
여린 순들은
나물로도 먹는다

솔바람 따라

충북의 알프스라는
상학봉을 다녀왔네

얼마 만에 빠져본
깊은 가을 풍경인가

주변엔
익어만 가는
오곡백과 풍성하고

빠지면 나오기 힘든
가을 향에 빠진 날

진한 향 솔향 따라
가을 산을 산행했고

걸음도
가벼워져서
산행길이 즐거웠네

단풍

늦가을 불어오는
소슬한 바람결에
계곡의 폭포 소린
산자락을 울리는데
단풍은
곱게 물들어
산 능선을 수놓네

녹음의 숲 여름엔
청량함이 가득하고
낙엽 지는 늦가을엔
언제나 아름다워
가을의
고운 단풍에
내 마음도 물든다

낙엽

찬바람 불어오는
늦가을이 오고있네

수시로 소리 없이
떨어지던 단풍잎들

바람결
흔들리면서
곡예춤 추는구나

낙엽들 떠나가는
늦가을이 스산하다

이별하고 떠날 때
서두르고 있나보다

고요 속
바람 없어도
낙엽들 지고 있네

늦가을

십일월
높은 하늘
청자 빛이 시리구나

맑음 속
찬 공기에
장미꽃은 검붉은데

고요 속
배롱나무 잎
낙엽으로 쌓이네

낙엽을 밟으며

낙엽이 쌓여있는
오솔길을 걸어가며
책갈피에 고운 단풍
한 잎 끼워 보고파
싸늘한
찬바람 속에
단풍잎 몇 개 줍고

밟아보는 늦가을의
정취가 아름답다
으스스한 찬바람에
따스한 손 그리운데
며칠 후
소설절기엔
첫눈도 내리리라

깊어가는 가을 향

가을이 깊어지며
오곡백과
무르익고

짙어진
가을 향에
곱게 물든 단풍일세

강물에
물빛도 고와지니
내 영혼도 물드네

고독한 밤

늦가을 바람에 지는
스산한
낙엽소리

어둔 밤
찾아오는
고요속의 외로움은

잎 없이
외롭게 서있는
고사목 겨울같다

오늘 하루

오늘의
이 순간이
내 인생의 삶이로세

남아있는 세월이
황금같이 소중하나

언제나
하루하루가
흘러가는 물일레

못 잊어

석양빛 호숫가의
빛나는 물결 위에

가신 님 고운 미소
흔들림 속 보이는 듯

그 모습
나의 마음을
설레이게 만든다

웃음꽃 계절없이
곱게 피워 주시던 님

눈물이 이슬처럼
안개처럼 떠나가니

이제는
그리움 속에
오지 못할 님이여

절구통

가정에 없어서는
안 되었던 필수용품
귀찮고 힘들었던
가족 먹일 곡식 빻기
통 통 통
절구질 소리
집 주변을 울렸네

절구통 앞에서는
여인들의 사연 많아
구식의 방아 찧어
온 가족의 식사준비
통 통 통
연약한 여인
그런 힘은 사랑였네

민들레의 기원

민들레는 인도(人道)의
벽돌 사이 태어나서

이리 저리 밟히면서
흰 갓털을 보호해

혼자서
가슴 조이며
자기 종(種)을 퍼트린다

바람결에 보내며
민들레는 기원한다

들꽃들 피어 웃는
기름진 땅 안착하여

앞으론
고생하지 말고
행복하게 살아라

추석 귀성(歸省)

웃으면서 만나는
가족들과 친지들

꽃들도 웃으면서
반기는 고향 길엔

나도야
한 송이 웃음꽃을
밝고 맑게 피우리

가을 풍경

가을의 산야에는
오색단풍 아름다워

을씨년 날씨에도
내장산을 올랐더니

수채화
고운 물감을
색칠한 듯 고왔네

단풍이 고운 산들
풍경 좋고 운치 있어

오색의 꽃과 같이
아름다운 그림인데

산야의
아름다움을
겨울이 시샘하네

사랑은 샘물

샘물처럼 그침 없는
부모님 자식사랑

물처럼 흔하여서
부모사랑 잊고 살다

어버이
돌아가신 후
자식들 슬퍼하네

젊어서 효도하는
그 자식이 효자로세

부모님 귀천 후에
안타까운 자식들은

석양의
황혼을 보며
가슴속을 적신다

제 4 부

그대 이름 부르면

파란
하늘이
깊다

겨울국화

비 오고 눈 내린 후
날씨 추워 빙판인데
비 맞고 눈에 덮여
고개 숙인 국화꽃
속마음
말을 못한 채
숙인 고개 무겁구나

언제나 밝게 웃던
그 모습은 볼 수 없다
국화꽃 그윽했던
그 향기는 사라지고
화사한
웃음을 웃던
꽃잎도 시들었네

그대 이름 부르면

그대 이름 부르면
대답소리 들려오고
대면하고 웃으면
손을 잡고 반겨올 듯
그 생각
다시 하면서
그대 흉상 바라본다

부음소식 들려오고
떠난 지 오래지만
남자다운 그 목소리
늠름한 모습이여
면면히
들려올 듯한
생존 시의 임재엽 군

* 임재엽 군은 2010. 3, 26. 백령도 앞바다에서 북한 잠수정의 기습적인 어뢰 공격을 받아 천안함이 침몰하면서 46명의 용사와 함께 산화하였음.

거울도 웃는다

웃음꽃은 남녀노소
누구나가 피운다

우리 모두 밝게 웃어
행복을 불러오면

행복은
권문세가의
전용물이 아닐세

울고불고 하지 말고
웃음꽃 피워보세

웃음꽃 자주 피면
향기 따라 복이 오고

한 가정
화목함 속에
거울도 웃는다

마음을 비우고

마음을 가볍게
늘 비우고 살라한다
비워야 맑고 밝은
고운소리 울린다고
빈 가슴
늘 유지하라
쌓이면 짐이 된다

욕심을 절제하고
가슴속을 비우라
가득 차면 무거워
가던 길도 못간다
언제나
마음을 비우고
오름길을 가란다

무인도

무정한
사람들이
찾지 않아 외로웠다

사람들
살지 않는
적막강산 무인도라

돌아온
철새들만이
지상낙원이란다

설송(雪松)

눈 쌓인 햇살 속에
온천지가 눈부신데
세월 속 연륜에도
푸른빛을 잃지 않고
은빛의
백설 속에서
설송만이 푸르다

상념 속 설송이여
독야청청 장하구나
설 명절 한파에도
한 빛깔로 의연하게
한 해를
다시 보내고
나이테를 더하네

입동(立冬) 장미

오늘은 겨울의 문턱이란 입동절기
느티나무 단풍잎은 바람에 날리는데
선홍빛
장미꽃을 보는 건
자연의 선물일세

황금빛 은행잎은 나무 아래 쌓여 있고
내 마음 장미 향기로 맑아지는 오늘은
자연의
사랑의 선물 받는
행복한 순간일세

찬바람 불어오는 입동절기 맞았으나
지금은 행복하다 웃고 있는 겨울장미
오늘은
장미꽃 웃음에
내 주름도 펴지네

달빛 나그네

달빛을 연인 보듯
살아가는 사나이는
밝은 빛 둥근 얼굴
보여줄 때 행복했고
나그네
시름겨울 땐
달님 보며 지냈네

시절이 어려웠나
야위어 간 달을 보고
그 모습 걱정하다
둥근달을 다시 볼 땐
달처럼
기력을 회복
행복한 표정 짓네

사랑의 싹

마음의 눈빛으로
변함없이 좋아하다
그리움은 마음속
가슴깊이 돋아나서
그 사람
강추위에도
만나라 충동하네

사랑의 그리움은
싹이 트면 좋으리라
의미있는 대화 속에
사랑의 싹 자라면
엄동의
혹한에서도
사랑 꽃은 피리라

눈 내리는 밤

네온 불에 눈 내릴 땐
잊혀진 그리움 불러
가슴속 옛 추억이
눈꽃처럼 피어나고
멀리서
올 수가 없는
그 사람 보고 싶다

춤추듯 내리는 눈에
사람들 기뻐한다
내린 눈에 나뭇가지
떨림은 없어지고
포근한
솜이불 속에
나무들은 잠든다

송아지 울음소리

엄마 찾는 송아지
울음소리 애처롭다
절망한 듯 큰 눈에는
두려움 가득한데
어미 소
떠나온 후는
못 만날 것 예감한 듯

울음소리 애틋하여
송아지를 동정하네
리듬 잃은 울음소리
목 쉬어 애처롭고
울면서
엄마를 찾던
그 목소리 매몰 되네

겨울 산장

얼음 꽃 상고대가 아름다운 겨울 산장

안 오던 산새들도 눈 쌓이자 찾아오고

눈 쌓인 겨울 설경은 너무나 장관일세

어머니

텃밭에 농사짓고 물레 돌려 길쌈하며

절구에 곡식 찧고 집안 살림 하시다가

간다는 말 못 남기고 세월 따라 가신 님

제야의 종소리

송구영신 알리는
제야의
타종소리

한밤의 종소리가
온 국민의
희망처럼

타종의
서른 세 번의 의미
맑고 깊은 종소리

꿈이 있는 삶

꿈 있는 사람들이
행복하게 살아간다

꿈은 때로 낙심하고
절망에 머물지만

꿈 없는
사람들은 언제나
나태해져 불행하네

인간의 삶 무상해도
꿈 갖고 살아보세

희망의 목표 세워
성실하게 생활하면

건강도
유지하면서
행복한 삶 살으리

행복한 만남

만날 때
웃고 만나
아쉬웁게 헤어지니

은근히
배려하며
웃던 모습 그리워라

행복은
좋은 사람과
함께할 때 있었네

시는 영혼의 노래

시는 영혼의 노래
가슴속에 노래 불러

깊은 주름 서글퍼도
시어가 춤을 추면

마음은
낭만의 파도처럼
노래로 오고 가네

살맛나는 세상

신나고
살맛나는
세상이여 어서 오라

나도야
환영하며
두 손으로 박수치리

서로가
배려하면서
사랑하고 소통하세

동백꽃

선운사 동백꽃이
설경을 물들였네

윤나는 녹색 잎에
붉게 핀 동백꽃들

추위에
어렵게 피어
쉽게 지는 동백꽃

동백꽃 동박새가
오지 않아 실망 했나

엄동에 고운 피부
겹치마로 가리우고

몸 던져
선혈이 된 몸
그리움 핏빛일세

겨울 한파(寒波)

얼굴 시린 추운 계절
겨울철
돌아오니

숨 막히는
강추위에
곳곳이 얼어있고

흐르던
시냇물 소리는
흰 바위가 되었다

고귀한 사랑

기도하는 어머니
그 모습이 엄숙하다

수능시험 응시한
자식 위한 지극정성

온종일
수능 시험장
교문 앞을 지키네

고귀한 엄마 사랑
그 어디에 비하랴

자식들 잘 되라고
모든 희생 감수하고

언제나
자식 위한 일이면
그 한 몸 돌보지 않네

자연과 생명을 경외(敬畏)하는 순수서정

野城 이 도 현
(국제펜한국본부 자문위원)

1. 序言

靑雲 兪熙東 시인이 첫 시조집 『파란 하늘이 깊다』를 상재한다. 고희를 넘어 느지막하게 시조집을 출간함에 얼마나 가슴이 설레고 벅찰까? 축하를 드린다.

그는 충남의 알프스라고 부르는 칠갑산이 있는 청양(靑陽) 운곡(雲谷) 출신으로 일찍이 학업을 마치고 경찰공무원으로 30여년 봉직하다가 정년 한다. 2012년 계간 〈미래문학〉에서 시 부문으로 등단하고, 2016년 〈가람문학〉 시조 전문지에서 신인상을 수상, 회원으로 활동하면서 작품 창작에 정진하고 있다.

경찰공무원으로 재직하는 동안에는 경찰 본연의 임무에 충실함은 물론 직원간의 유대를 돈독히 하면서 국민의 생명과 재산을 보호하고 치안질서를 유지하는데 솔선수범한 모범공무원으로 널리 알려진 분이다.

이번에 발간하는 시조집엔 84편의 작품을 4부로 나누어 구성하고 있다. 사랑, 봄날, 꽃, 생명, 미소, 초록빛, 젊음, 낭만, 보름달 등 사용한 시어들이 밝고 긍정적이며 내용에 있어서도 춘하추동 계절 순으로 수록되어 있어 시조집 초고(草稿)를 읽고 이해함에도 어려움이 없었다.

유 시인이 시조집 서문에서 밝힌바 "문학의 창작은 무언가 표현하고 싶은 욕구에서 시작된다. 본인도 시를 짓고 메모를 남기면서부터 들꽃을 보고 향기를 느끼며, 꽃과 나무와도 대화를 하게 된 것 같습니다." 와 같이 그의 시조 창작은 대상을 면밀히 관찰하고 그것과 대화를 나누면서 체험하고 느낀 소회(所懷)들을 천의무봉(天衣無縫), 꾸밈없이 진솔하게 표현하고 있다. 쉽게 읽혀지면서 깊은 뜻을 함의(含意)하는 장점을 갖는다.

이러한 작품들은 청양(靑陽)이라는 맑고 쾌적한 자연환경에서 출생하고 성장하여 그간 갈고 닦은 순정(純正)한 심성(心性)과 생명을 보호하고 치안질서를 유지함에 한 치의 양보도 없는 철저한 사명감에서 비롯한 건강한 작품들이 우리 고유의 정형시, 시조라는 그릇에 여과되어 이른바 '자연과 생명을 경외(敬畏)하는 순수서정'으로 경작되어 있었다.

세상 사람들이 흔히들 위만 바라보고 파란 하늘을 동경하지만 유희동 시인은 호수속의 파란 하늘을 굽어보면서 그곳에 정지된 하늘의 깊이와 고요함을 찾고자 한다. 여기서 유시인의 시조는 주목을 받게 된다.

2. 사랑의 계절

새 생명 돋아나는
봄날은 좋은 계절

훙겨운 봄노래도
사방에서 들려오고

대자연
사랑 속에서
모든 생명 기뻐하네.

계절속의 봄날은
사랑이 피는 시기

한겨울 동토에서
죽은 듯이 숨어 있던

새싹들
자라나면서
부활의 꽃이 핀다

—「사랑의 계절」 전문

두 수로 된 연시조이다. 역시 봄은 사랑의 계절이다.

대자연의 모든 생명들이 사랑의 계절, 봄을 맞이하는 환희와 기쁨을 노래한다. 겨우내 꽁꽁 얼어붙은 동토(凍土)에서 죽은 듯이 움추린 초목이 다시 부활하는 모습이다. 봄은 생명이요, 부활이다. 생명의 존엄, 생명의 경외(敬畏)를 찬양하는 사랑이 샘솟는 작품이다.

부모님 귀천 후에
자주 못간 고향집

금년 봄 살구꽃은
예전처럼 피었으리

꽃 보고 늘 웃으시던
어머님 환한 얼굴.

부모님과 함께 했던

시골집 어린 시절

내 가슴에 떠오른
그리운 영상들

비 오면 더욱 선명히
빗소리로 사무쳐

—「내 고향」 전문

누군들 고향이 없으랴? 그러나 유시인의 고향은 더욱 살구꽃처럼 다가선다. 고향을 지키시던 귀천(歸天)하신 어머님에 대한 그리움을 살구꽃으로 환치(換置)한다. 마당가에 살며시 피어오른 살구꽃을 상상하면서 어머님의 얼굴을 떠 올린 정경이 다소곳하게 분위기를 감싼다.

어디 꾸민 자국이 한 치라도 있는가? 시를 미화하려고 애쓴 흔적도 없이 독자를 안으로 끌어 드리고 있다. 있는 그대로 소박하게 올려놓은 동양화 한 폭을 본다. 빗소리로 가만가만 다가서는 작품이다.

미소는 사랑의 꽃
아름다운 향기여라

서로가 배려하며
이기심을 버릴 때에

사랑은
곱게 피어난
한 송이 꽃이었다

—「미소」 전문

초장에서 미소는 사랑의 꽃이요, 아름다운 향기라고 병치은유(竝置隱喩)한다. 중장에서는 서로가 배려하며 이기심을 버릴 때에 미소는 사랑으로 피어난다고 일깨우며, 종장에서는 사랑이라는 관념을 꽃으로 형상화(形象化)하면서 작품을 마감한다. 위의 작품 '미소'와 같이 시조는 3장 6구 12소절 45자 내외로서 한 편의 작품을 만든다. 옛 부터 단수(單首)가 기본이요, 대종(大宗)을 이루어 왔다.

미소는 더불어 살아가는 관계속의 우리네 삶을 밝고 건강하게 이끌어가는 동력으로 작용한다. 하루하루를 미소 지으며 기쁘게 살 일이다.

오월의 내 가슴에
웃고 있는 찔레꽃

향기로 말하며
벌 나비 불렀는가

볼수록
화사한 꽃송이
바람도 웃음 놓네

연초록 새순들이
키 자랑 경쟁할 때

맨손으로 순 하나
껍질 벗겨 맛보면

입술 끝
향긋한 단맛
새봄의 사랑일레

―「찔레꽃」 전문

어린 시절 고향의 봄을 추억하는 청순한 감각이다. 첫 수에선 찔레꽃을 의인화 하여 향기로 말하며 벌 나비 불렀는가? 벌 나비 모여드는 꽃송이를 보고 바람도 웃음을 놓는다고 묘사하고, 둘째 수에선 연초록 새순을 뚝 꺾어 껍질 벗겨 맛을 보면 향긋한 단맛이 입술 끝에 감긴다고 표현한다.

"맨손으로 순 하나/껍질 벗겨 맛보면"의 대목은 어린 시절 고향의 추억을 구체적으로 묘사하여 실감을 한층 더해 주고 있다. 동심으로 돌아가 동영상을 보는듯한 순수서정을 맛보게 하는 가작이다.

3. 해변의 낭만

사막의
물 한 모금
생명수요 사랑일세

한여름
가뭄 속엔
초목들도 몇 방울 물

금보다
소중하다네
물 한 모금
사랑이

—「사랑 한 모금」 전문

위의 작품에서 "물 한 모금/ 생명수요 사랑일세"의 은유는 곧 "물 한 모금=생명수=사랑일세" 와 같이 등식으로 표기할 수 있다. 한 모금의 물은 생명을 살리는 물이며 사랑이라는 것이다.

물처럼 소중한 것이 있을까? 그러기에 관자(管子)에서는 물을 신으로 예찬했으며, 탈레스는 물을 만물의 근원이라 했고, 노자(老子)는 도덕경에서 물을 상선약수(上善若水)라 하여 이 세상에서 최고의 선(善)은 물과 같다 하였다. 따라서 물 한 모금이 금보다 소중하다고 물의 가치를 예찬하고 있다.

〈가〉
낭만이 춤을 추는
푸른 바다
해변엔

태양(太陽)에
도전하는
청춘들이 넘실대고

푸른 꿈
파도를 타고
구만리를 항해한다

—「해변의 낭만」 전문

〈나〉
청춘은
푸른색의
계절이라 자만 말라

봄 한철
피는 꽃도
열흘 못 가 낙화하듯

우리네
한평생 삶도

일장춘몽(一場春夢) 꽃잎 하나

—「청춘」 전문

위의 두 작품 〈가〉와 〈나〉는 같은 '청춘'을 소재로 한 작품이지만 내용면에서는 서로 대조(對照)를 이룬다.

작품 〈가〉 〈해변의 낭만〉에서는 뜨거운 태양에 도전하면서 더위를 식히고 있는 젊음의 꿈과 낭만을 펼치는 역동적인 장면을 연출하고 있다. 마치 50년대 고등학교 국어교과서에 실린 민태원의 수필 '청춘예찬'을 방불케 하고 있는 작품이다.

주먹을 불끈 쥐고 금시 천상(天上)에라도 뛰어오를 듯 젊음이 용솟음치고 희망이 약동하는 정서다.

그러나 작품 〈나〉에서는 사뭇 달라진다. 청춘은 푸른색의 계절이라고 자만하지 말라고 당부한다. "봄 한철/피는 꽃도/열흘 못가/낙화 하듯(花無十日紅)" "우리네/ 한평생 삶도/ 일장춘몽(一場春夢) 꽃잎 하나"라고 비유하면서 청춘을 오만하지 말라고 강조한다.

우리 삶의 과정에서 청춘은 얼마나 중요한 계절인가? 때문에 약동하는 희망을 가져야 하고, 멋진 낭만의 꿈도 꾸어야 하며, 하늘을 치솟을 듯 태산 같은 포부도 있어야 한다. 그러나 그 꿈이 실현성(實現性)이 없고 일장춘몽으로 헛된 꿈이 된다면 얼마나 허무할까? 이를 경계하고 있는 깊은 뜻을 함의(含意)하는 작품이다.

4. 파란 하늘이 깊다

들국화 핀 곳에는
누님의 얼굴이

바람에 흔들릴 때
웃음은 퍼져나고

청명한
가을 하늘에
피어나는 하얀 웃음

찬바람 불어와도
그 얼굴은 언제나 봄

찬 서리 내리어도
예쁨을 잃지 않는

들국화
고고한 향기
그리운 누님의 정

―「들국화」 전문

들국화는 우리나라 가을을 상징하는 대표적 야생화이다. 시인은 첫수에서 들국화를 누님의 하얀 웃음이라 은유 했고, 둘째 수에선 누님의 고고한 향기라 했다.

들국화를 의인화하여 누님의 얼굴과 웃음을 떠올리고 누님의 향기까지를 상상하는 정서이다. 시각과 청각 그리고 후각까지 융합하여 공감각(共感覺)으로 반죽한 아름다운 그림 한 폭이다. 야산에 하얗게 그리고 다소곳하게 핀 들국화 가을 그림 한 폭을 본다.

하늘은 내 발 아래
호수에도 있었네
늘, 우리 머리 위
높은 곳에 있었지만

이 가을
호수 속에는
파란 하늘 있었네

물속의 하늘에는
기러기 떼 날아가고
물속의 하늘에는
조각구름 지나간다

호수는
깊어서 푸르고
깊은 하늘 더 고요하다

—「파란 하늘이 깊다」 전문

시집제목으로 내세운 작품이다. 그만큼 시인의 생각과 경륜이 함축된 작품이다. 첫 수에서는 하늘은 늘, 우리 머리위에만 있는 줄 알았는데, 이 가을 호수 속에서 파란 하늘을 발견한다.

둘째 수에선 호수 속 하늘에는 기러기 떼도 날아가고, 조각구름도 지나간다 하고, 호수는 깊어서 푸르고 깊은 하늘이 더 고요하다고 술회한다. 시인은 호수 속에서 반사되는 하늘의 참모습 곧 하늘의 진면목(眞面目)을 거울을 보듯이 그려낸다. 명경지수(明鏡止水)를 찍어내고 있다.

잡념과 가식이 없는 고요하고 평정한 마음가짐을 깊은 호수에서 찾아낸다. 그래서 이 작품의 화두(話頭)를 파란 하늘이 깊다고 말한다. 이러한 생각, 이러한 정서가 곧 시인의 평소의 마음가짐이 아닐까? 70평생 세상을 살아온 그의 경륜이 함축된 대목이다. 이러한 분위기가 시집 전체에서 감지된다.

세상 사람들은 흔히 들 파란 하늘을 높은 하늘에서만 찾는다. 그러나 유시인은 호수 속에서 굽으리어 아래를 보고 그 고요함을 찾고 있다.

시인의 평소의 생각과 세상을 낮게 살아가는 자세 그리고 철학이 내재된 작품이다.

늦가을
노을빛도
장미처럼 물들고

노을빛
바라보는
산자락도 물들고

저물녘
강가의 물결도
울어가며 물들고

—「만추(晩秋)」 전문

늦가을, 날이 저물어 물들어가는 노을빛의 정경을 노래한다. 만추(晩秋)는 가을의 끝이요, 노을빛은 해가 저무는 하루의 끝자락이다. 노을빛이 곱다고는 하지만 그저 우리를 쓸쓸하게 만드는 황혼(黃昏)임에 틀림없다.

황혼녘의 쓸쓸한 정경을 이처럼 표현한 작품 또 있을까? '물들고'를 반복하여 만추의 정감을 한껏 점층 시킨다. 늦가을 노을빛을 바라보는 물들어가는 산자락 그리고 저물녘 강가의 소리 지르는 물결을 반죽하여 쓸쓸하고 고적하게 분위기를 이끈다.

이렇듯 시조는 읊을수록 멋이 있고 음미할수록 깊은 맛이 있어야 한다. 이것이 시조만이 갖는 리듬이요 오묘한 가락이다.

홍시를 바라보며 추억 여행 하시는가

가을볕에 붉고 곱게 잘 익은 세월아

빛나는
어머니 시름
매어달린
가지 끝

—「홍시」 전문

홍시처럼 잘 익은 작품이다.

어머니처럼 고생하시고 어머니처럼 존경받아야 할 사람 또 있을까? 백번을 부르고 천 번을 불러보아도 다시 부르고픈 어머니! 그러기에 어머니는 이 세상에서 가장 사랑스러운 고귀한 존재임에 틀림없다.

유시인은 지금 홍시를 바라보며 어머니를 추억한다.

"가을볕에 붉고 곱게 잘 익은 세월아" 중장(中章)에서 홍시를 바라보며 시인의 어머니께서 누려온 긴 세월을 '붉고 곱게 잘 익은 세월'이라고 표현한 대목이 일품이다. 또한 종장 첫 구에서 어머니의 자식을 위한 시름, 걱정을 '빛나는 어머니 시름'이라 표현한 대목도 놀라지 않을 수 없다. 역설적인 시어의 결합이 긍정적인 시너지 효과를 거양하고 있다. '어머니 시름'은 빛나는 훈장으로 읽혀지기 때문이다.

5. 그대 이름 부르면

그대 이름 부르면
대답소리 들려오고
대면하고 웃으면
손을 잡고 반겨올 듯
그 생각

다시 하면서
그대 흉상 바라본다

부음소식 들려오고
떠난 지 오래지만
남자다운 그 목소리
늠름한 모습이여
면면히
들려올 듯한
생존 시의 임재엽 군

—「그대 이름 부르면」 전문

* 임재엽 군은 2010. 3. 26 백령도 앞바다에서 북한 잠수정의 기습적인 어뢰 공격을 받아 천안함이 침몰하면서 46명의 용사와 함께 산화하였음.

2010. 3. 26 백령도 앞바다에서 북한 잠수정의 어뢰공격을 받아 천안함이 침몰하면서 국군 46명의 용사가 산화하였다.

그 중 임재엽 군은 충남기계공고 졸업생으로서 그날을 기억하려고 동문회에서 모교교정에 흉상을 세웠다.

유시인은 10여년 이상을 충남기계공고에 몸담아 봉사하면서 아침 저녁으로 임재엽 군의 흉상을 바라보며 꽃다운 젊은 나이에 대한민국 서해를 지키다 산화한 그의 넋을 위로하고 추모하고 있다.

〈가〉
웃음꽃은 남녀노소
누구나가 피운다

우리 모두 밝게 웃어
행복을 불러오면

행복은
권문세가의
전용물이 아닐세

울고불고 하지 말고
웃음꽃 피워보세

웃음꽃 자주 피면
향기 따라 복이 오고

한 가정
화목함 속에
거울도 웃는다

—「거울도 웃는다」 전문

〈나〉
마음을 가볍게
늘 비우고 살라한다
비워야 맑고 밝은
고운소리 울린다고
빈 가슴
늘 유지하라
쌓이면 짐이 된다

욕심을 절제하고
가슴속을 비우라
가득 차면 무거워
가던 길도 못간다
언제나
마음을 비우고
오름길을 가란다

—「마음을 비우고」 전문

작품〈가〉는 〈거울도 웃는다〉 전문이요, 작품 〈나〉는 〈마음을 비우고〉 전문이다. 작품 〈가〉에선 웃으며 살라 하고, 작품 〈나〉에선 비우며 살라 한다.

작품〈가〉를 보자. 소문만복래(笑門萬福來)라 하였다. 웃는 가정에 복이 깃든다는 말이다. 첫수에서는 행복은 권문세가(權門勢家)의 전용물이 아니고 모두 밝게 웃으면 복이 들어온다 하였고, 둘째 수에서는 웃음꽃이 자주 피는 가정엔 거울도 웃는다고 익살스럽게 묘사한다. 우리 모두 웃으며 살아야겠다.

작품〈나〉를 보자. 모든 성자(聖者)들은 마음을 비울 것을 가르치고 있다. 비워야 채워진다. 마음 하나 비우면 세상이 달리 보인다. 세상 모든 악기(樂器)가 속이 비어 있기에 고운 소리를 내지 않는가?

성경에서도 "심령이 가난한 자는 복이 있나니 천국이 너희 것이요."라 했고

법정 스님도 "행복의 조건은 무소유에 있다, 많이 소유하고자 하는데서 불행은 싹이 튼다"고 했으며 노자(老子)는 道의 무위자연(無爲自然)에서 "모든 존재는 도에서 생기고 도는 無에서 시작한다고 하였으니 빈 곳이 있어야 채워지지 않을까? 성인들의 말씀을 인용하여 독자들에게 교훈하고 있다.

6. 結語

지금까지 유시인의 작품을 살펴보았다. '사랑의 계절'에선 봄을 맞이하는 환희와 기쁨을 노래하고, 고향을 찾아 어린 시절을 추억하며 귀천(歸天)하신 부모님을 회고하고 사무치기도 한다. '해변의 낭만'에선 물 한 모금이 생명수(生命水)임을 예찬하고, 청춘을 구가하면

서도 자만하지 말라고 충고한다.

'파란 하늘이 깊다'에선 가을 들국화를 보고 누님의 얼굴을 떠 올리며, 만추의 노을빛에 황혼녘을 쓸쓸해하기도 한다. 호수에 잠긴 파란 하늘, 명경지수(明鏡止水)를 굽어보며 거기서 인생의 삶의 깊이와 고요함을 찾는다.

'그대 이름 부르면'에서는 국토를 지키다 산화한 젊은 병사의 넋을 추모하고, 이 세상을 웃으며 살자고 그리고 자기를 비우며 살자고 교훈하기도 한다.

이렇듯 유시인의 작품 속엔 희노애락(喜怒哀樂)의 정서가 들어 있다. 고향의 산천초목과 부모님을 비롯한 어린 시절의 추억이 담겨있다. 자연을 사랑하며 살아 숨 쉬는 작은 생명에도 아파할 줄 아는 뜨거운 눈물이 들어 있다. 지금까지 살아온 삶의 편린과 자랑스러운 경륜(經綸) 그리고 보람 있는 봉사의 손길들이 아름답게 빛난다.

유희동 시인은 시조(時調)를 사랑한다. 가장 민족적인 것이 가장 세계적인 것이라 했다. 시조는 천년을 이어오는 우리 겨레 고유의 정형시(定型詩)가 아니던가? 그러기에 우리는 시조를 더욱 갈고 닦아 한류(韓流)를 타고 시조를 세계화(世界化)함에 앞장서야 한다.

유시인은 이제 첫 시조집을 발간하면서 시조문단의 한 일원으로 참여하며 활동하게 된다. 더욱 건승하시고 빛나는 문운이 활짝 열리기를 충심으로 기원해 드린다.

2018. 봄

초록마을에서 이도현

파란 하늘이 깊다

유희동 시조집

발 행 일 | 2018년 7월 5일
지 은 이 | 유희동
발 행 인 | 李憲錫
발 행 처 | 오늘의문학사
출판등록 | 제55호(1993년 6월 23일)
주 소 | 대전광역시 동구 대전로867번길 52(한밭오피스텔 401호)
전화번호 | (042)624-2980
팩시밀리 | (042)628-2983
전자우편 | hs2980@hanmail.net
카 페 | cafe.daum.net/gljang(문학사랑 글짱들)
cafe.daum.net/art-i-ma(아트매거진)

공 급 처 | 한국출판협동조합
주문전화 | (070)7119-1752
팩시밀리 | (031)944-8234~6

ISBN 978-89-5669-928-8
값 9,000원

* 이 책은 교보문고에서 eBook(전자책)으로 제작 · 판매합니다.
* 잘못 제작된 책은 바꾸어 드립니다.